Entonces, ¿qué pasa con *el suelo*?

Un libro sobre forma y función

Rachel Chappell

Rourke Educational Media
rourkeeducationalmedia.com

www.rourkeeducationalmedia.com

PHOTO CREDITS: title page © Craig Barhorst; P04 © Jennifer Nickert; P05 © Anita Patterson Peppers; P06 © Dhoxax; P06a © Henry Hazboun; P07 © Bruce Amos; P08 © Kim Sarah Bernard; P10 © Julie Felton; P11 © Gordana Sermek; P12 © Sierpniowka; P14a © Andrey Grinyov; P14b © Tootles; P15a © Daemys; P15b © Peter Jochems; P15c © Bogdan Radenkovic; P17 © Joe Gough; P18 © Wendy Kaveney Photography; P19 © Andrew F. Kazmierski; P20 © Styve Reineck; P21a © Thomas M. Perkins; P21b © Mypokcik; P22 © Heather A. Craig

Editor: Robert Stengard-Olliges
Cover design by Michelle Moore.
Editorial/Production services in Spanish
by Cambridge BrickHouse, Inc.
www.cambridgebh.com

Chappell, Rachel M.
Entonces, ¿qué pasa con el suelo? / Rachel Chappell.
ISBN 978-1-62717-262-2 (soft cover - Spanish)
ISBN 978-1-62717-462-6 (e-Book - Spanish)
ISBN 978-1-62717-257-8 (soft cover - English)

Printed in China, FOFO I - Production Company
Shenzhen, Guangdong Province

Rourke Educational Media
rourkeeducationalmedia.com
customerservice@rourkeeducationalmedia.com • PO Box 643328 Vero Beach, Florida 32964

Contenido

La importancia del suelo

Pisamos todos los días trozos de roca, organismos vivos y pedazos de vegetales y animales. ¿Te has puesto alguna vez a pensar cuán importante es realmente el **suelo** que está debajo de nosotros?

Sin suelo no hubieran plantas y sin plantas no hubieran personas. El suelo es la fuente de agua y **nutrientes** de las plantas. Y el suelo sustenta las raíces de las plantas.

Cacto

La cantidad de agua, nutrientes y aire en el suelo son **atributos** que determinan el tipo de plantas que viven en él. Las plantas crecen mejor en suelos cuyos atributos se corresponden con sus necesidades.

Lirio Calla

Por ejemplo, un cactus necesita poca agua, por tanto crece bien en el suelo del desierto, que tiene poca agua. Los lirios Calla necesitan mucha agua para crecer, por lo que viven en la orilla de los cuerpos de agua, donde el suelo permanece muy húmedo.

Componentes del suelo

Componentes del suelo

- minerales
- aire
- agua
- productos de plantas y animales

El suelo está compuesto de varias partes o **componentes**. Los componentes le dan forma al suelo. Uno de los componentes son los pedacitos pequeños de roca.

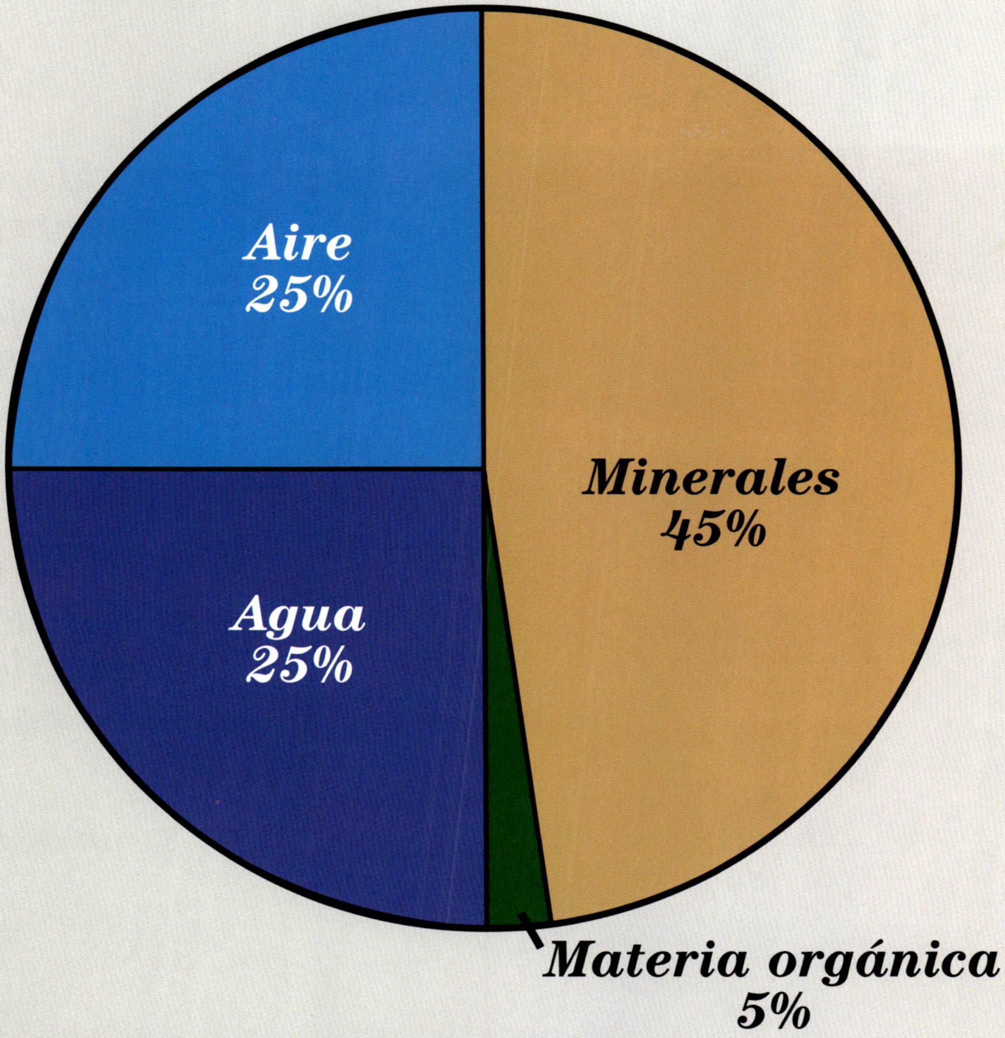

Este diagrama circular muestra los componentes del suelo.

Los organismos vivos como los hongos y las bacterias también son parte del suelo. Ellos **degradan**, o desintegran la materia orgánica como hojas secas, hierba y madera.

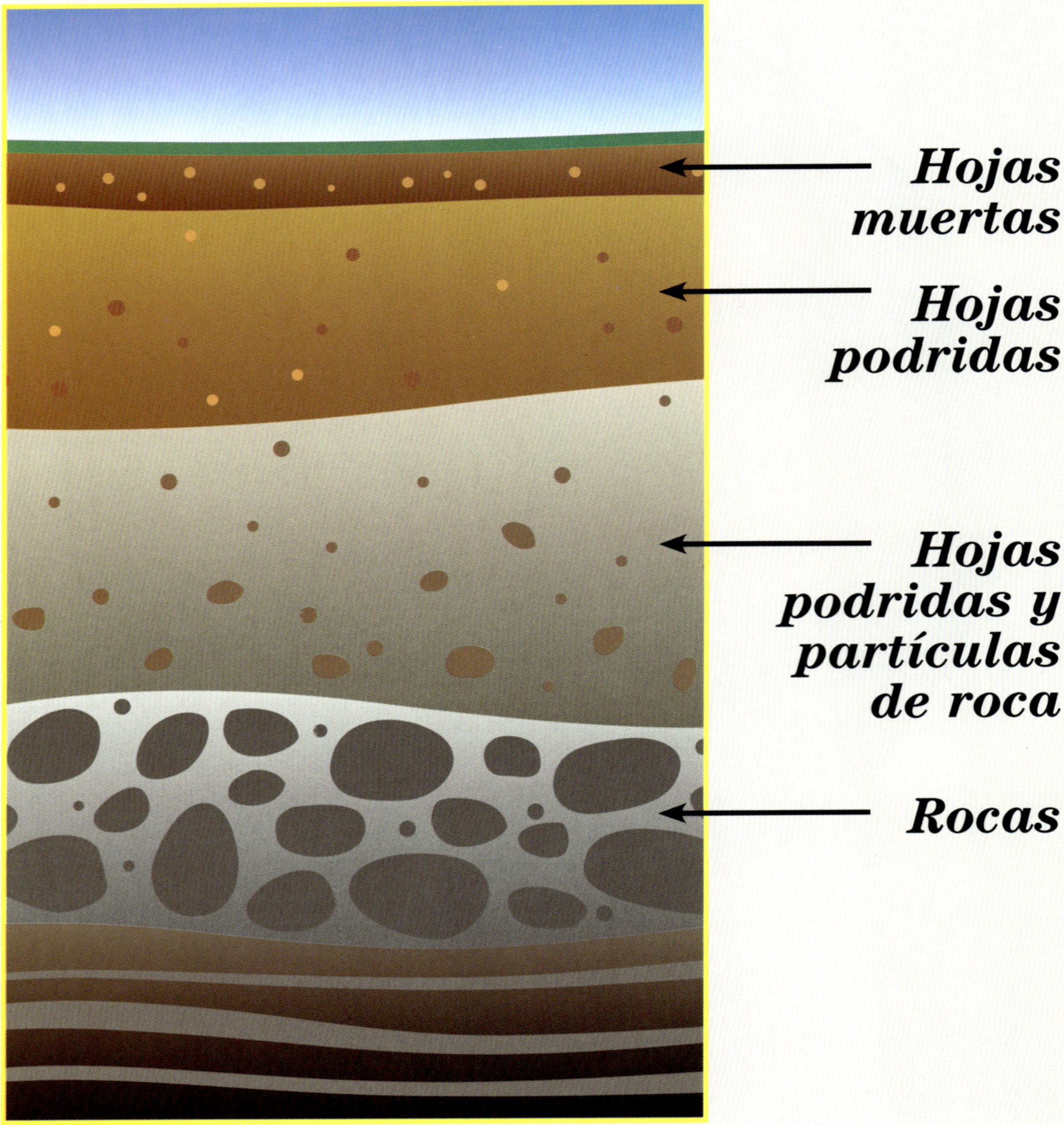

En el suelo podemos encontrar pequeños pedazos de plantas. Los animales pequeños como ratones y topos llevan semillas y otros restos de plantas a sus madrigueras bajo tierra, donde los mismos se pudren y pasan a formar parte del suelo.

Las lombrices ayudan a enriquecer el suelo.

Las lombrices de tierra digieren materiales **orgánicos**, reciclan los nutrientes y enriquecen el suelo. Los desechos de animales, como sus excrementos y sus cuerpos **podridos**, también forman parte del suelo.

Además de la luz, la mayoría de las plantas necesitan alimentos (nutrientes), agua y aire para sobrevivir. Ellas absorben algunos nutrientes y el agua del suelo. Los nutrientes se disuelven en el agua, son absorbidos por la raíz de la planta y usados o almacenados en el tallo y las hojas.

Atributos del suelo

Regiones de bosques caducifolios
Suelo profundo, rico y de color marrón oscuro

Región arenosa
Suelo seco y de color gris polvoriento

Regiones tropicales
Suelo profundo y rojo brillante

El suelo tiene diferentes **texturas**, colores y capacidades de retener el agua. El tipo de suelo que encuentres en la zona en que vives, y sus funciones, dependen del **clima**, de los tipos de roca debajo del este y de las plantas que crecen en él.

Cambiar la textura del suelo puede proveer las condiciones ideales de crecimiento para las plantas.

La textura del suelo depende del tamaño de las partículas de mineral. El tamaño de las partículas tiene mucho que ver con la capacidad de drenaje del suelo y con la cantidad de nutrientes que contiene. Estos dos factores determinan los tipos de plantas que pueden crecer mejor en cada suelo.

La arena, el limo y la arcilla son tres tipos de suelo. La arena contiene las partículas más grandes. La arcilla tiene las más pequeñas y las del limo son medianas. La mayoría de las plantas crecen mejor en una combinación de suelos.

Considera esto: Si comparas el tamaño de las partículas del suelo con algo que conoces, las partículas de arena serían del tamaño de una sandía mediana. Las partículas de limo serían del tamaño de una manzana, y cada partícula de arcilla sería del tamaño de una fresa.

Partícula de arena

Partícula de limo

Partícula de arcilla

Arena

Los granos de arena son las partículas más grandes del suelo. La arena es áspera, tiene bordes afilados y no retiene muchos nutrientes para las plantas. Como las partículas son grandes y no se aglomeran con facilidad, la arena se seca rápido. Esto es bueno para las plantas porque sus raíces necesitan oxígeno. Cuando el agua estancada impide a las raíces de una planta obtener oxígeno, la planta se “ahoga”.

A la arena se le pueden añadir fertilizantes para enriquecerla.

Los terrenos arenosos son los mejores para el césped de los campos de golf y de los campos de fútbol. La arena no se compacta y se seca bien después de la lluvia. Cultivos como el cacahuete y las fresas se dan bien en suelos ligeros y arenosos que se calientan rápido.

Arcilla

Cuando la arcilla se seca es tan dura como el cemento.

Las partículas de arcilla son muy pequeñas. Los suelos de arcilla son finos cuando están secos pero muy pegajosos y fangosos si están mojados. La arcilla contiene muchos nutrientes y agua porque es tan espesa que no contiene casi aire. Es difícil plantar, **cultivar** o trabajar en la arcilla cuando está mojada.

La habilidad de la arcilla de retener agua la hace valiosa para las plantas que crecen en un clima seco que necesitan mucha agua. Los ciruelos crecen bien en suelo arcilloso. Son árboles resistentes que necesitan poco cuidado, pero mucha agua.

Limo

El río Nilo, en Egipto, provoca inundaciones y deja en la tierra limo rico en nutrientes. Este suelo fértil es bueno para cultivar muchas plantas.

Las partículas de limo son más grandes que las de arcilla pero menores que las de arena. El limo no es pegajoso cuando está mojado, pero es fino. Casi todas las plantas crecen mejor en una combinación de suelos donde los nutrientes, el aire y el agua estén disponibles.

En ciencias podemos observar cosas, como el suelo. Podemos observar la forma del suelo y sus funciones. Al observar la habilidad del suelo de retener agua, aire y nutrientes, podemos determinar qué tipos de plantas pueden crecer mejor en cada tipo de suelo.

Si alguna vez te preguntaste: “¿Cómo es el suelo?”, ahora ya sabes un poco más.

Glosario

atributos — características, cualidades de una persona, lugar o cosa

clima — condiciones del tiempo generales de una región

componentes — que forman o integran algo

cultivar — preparar y trabajar la tierra para sembrar cultivos

nutrientes — fuente de nutrición

orgánico — material procedente de animales y plantas

podrido — descompuesto

suelo — tierra donde crecen las plantas

textura — composición o estructura de las cosas

Índice

Libros

Cooper, Sharon. Using Soil. Heinemann Library, 2007.
Walker, Sally M. Soil (Early Bird Earth Science). Lerner Publications Company, 2006.
Tomecek, Steve. Dirt. National Geographic, 2007.

Sitios de la internet

www.urbanext.uiuc.edu/gpe
school.discovery.com/schooladventures/soil
www.nrcs.usda.gov/feature/education/squirm/skworm.html

Sobre la autora

Rachel M. Chappell se graduó de la Universidad de South Florida. A ella le gusta enseñar a los niños y a los maestros. Ella vive en Sarasota, Florida, y le encanta escribir y leer en su tiempo libre. Su familia la integran su esposo, un hijo y un perro que se llama Sadie.